Liliana Durán Torreyes

Haikus

Liliana Durán Torreyes

Haikus

en la arena

JustFiction Edition

Imprint

Cover image: www.ingimage.com

Publisher:
JustFiction! Edition
is a trademark of
Dodo Books Indian Ocean Ltd. and OmniScriptum S.R.L publishing group

120 High Road, East Finchley, London, N2 9ED, United Kingdom
Str. Armeneasca 28/1, office 1, Chisinau MD-2012, Republic of Moldova, Europe
Printed at: see last page
ISBN: 978-620-0-10502-8

Haikus
en la arena

Haikus

en la arena

Liliana Durán Torreyes

Javier Bertiz (colab.) Autor invitado

Índice

"El arte es el estatus supremo de la felicidad."

Alberto Durán

Agradecimientos

A Dios, por ser la energía Universal.

A mis padres, por haberme enseñado algo.

A Javier Bertiz Dos Santos Bergman, mi compañero sentimental.

A mis amigos, por acompañarme en el camino.

Dedicatoria

In memoriam

A Flor Susana Arwas

Prefacio

El *haiku*, es un tipo de poesía japonesa, que se originó en el siglo XIII gracias a que un grupo de poetas se reunía a realizar poemas colaborativos unos con otros. La etimología del haiku la encontramos en la cultura japonesa, viene del japonés 俳句, compuesto con

俳 (hai = escritura paralela) y 句 (kju = línea)[1].

Los haikus que presentamos aquí, tienen una métrica diferente de la original, que es de 5 versos, 7 en la segunda línea y cinco de nuevo en la tercera. Deben poseer tres líneas.

En esta oportunidad, le dedico este libro a una gran amiga que dejó huella en mi vida y a quién le dedico

[1] Pérez Porto, J., Gardey, A. (13 de marzo de 2018). *Haiku - Qué es, definición y concepto.*Última actualización el 17 de marzo de 2023. Recuperado el 14 de agosto de 2023 de https://definicion.de/haiku/

el primer haiku, ella fue diagnosticada con cáncer de seno, fue arquitecta, fotógrafa y artista contemporánea venezolana. Por alguna razón, estaba tratándose con medicina cuántica y, posteriormente, cuando fue a hacerse el primer tratamiento de radioterapia y quimioterapia, no logró resistir.

Por otra parte, agradezco a mis padres todo su apoyo emocional, espiritual y económico a lo largo de mi vida, a mis hermanos y hermanas. A mis amigos y muy especialmente, a mi compañero sentimental: Javier, quién me aconseja que escriba para mí como un hobby, ya después se podrá compartir.

Bien, se supone que el haiku, debe llevarte a la meditación profunda desde lo más natural como puede ser el invierno frío, un manantial, una nube y, partiendo de allí, lograr la Iluminación que, de alguna manera, según los sabios orientales, antes y después de la Iluminación seguirá siendo todo igual, lo que cambia es el cristal con el que miras las cosas y la vida sigue siendo movimiento y constante cambio.

He elegido la imagen de la arena, porque en la arena, nada permanece, si hay odio, se borarrá y si hay amor o miedo también se borrará, lo importante es lo que hay en los corazones y, probablemente en 5.000 millones de años no importará mucho lo que hayamos escrito, estaremos en otro cielo y otra tierra tal vez, escribiremos entonces en la bóveda celeste. La fotografía ha sido realizada toda por mi persona.

1

Flor etérea en el viento

Jueves dulce de membrillo

Oruga eterna que me abraza

2

Descendiendo incandescentemente

Hacia la luna

está el día y luego la noche

(Javier Bertiz)

3

En ese instante eterno

La envidia no entra jamás

Sólo dos llamas en un cálido beso

4

Miradas perdidas

Buscar el horizonte

Símbolos de paz

(Javier Bertiz y Liliana Durán)

Al Pbro. Ronny Alejandro Guédez

5

Ora pro nobis ad libitum

Mármol gris y negro en el jardín

Agua verde de manantial incorpóreo

Liliana Durán Torreyes

6

Vetustos ambages tricolores

Arde el océano

La tierra salada y el cielo es gris

(Javier Bertiz y Liliana Durán)

A Adriana Barrios

7

Infancia de ríos transparentes

Desayunos compartidos

Amistad en el sol

8

Azucenas en verano

Otoño de girasoles

Mañanas de cuencos tibios

A Ariana Lechtig

9

Lees mi pensamiento

Llega el mes de julio

Jazmines de oro y marfil

10

Corren los niños

La aurora siempre verde

Fluye el río a lo lejos

A Maire Díaz Cabrera

11

Hermosa luna que me atrapa

Ojos de castañas bondadosos

Pléyade de luces humildes y sensatas

12

Suenan campanas de cristal

Densos nubarrones esperan

Verde musgo en la pradera

A Caribay Hernández Bolívar

13

De sueños me habla la india Caribay

Bolívar y su amor espada al cinto

Un continente de amigos y hermanos

14

Recuerdos demorados

Canarios siempre juntos

El áspid siempre lejano

A Yumari Tovar

15

Tragaluz de verano

Duermen las abejas

La melancolía del clarinetista

16

Anacardos de esferas celestes

Vacío el destierro azul

Profuso edén de vida y luz

A Guillermo Armas Pinedo

17

Verde luminiscente protegido

Parsimonia insondable de plata

Frío de estrellas azules

18

Castañas de azul cobalto

Niebla en la oscuridad

Pasear lejano de adviento

A Sara Abdul Khalk

19

El sol nace como estandarte en tus mejillas

Profusas guerras trajeron la paz

El banquete de tulipanes de oro

20

El viento sopla en las palmeras

En la escalera las flores caen

Somos una galaxia y el juez

A Bruno Skorzeny

21

Epitafios de inocentes

Los niños de cristal juegan

Todavía no es el final

22

Resplandece el sol de poniente

Brújulas de nácar

Montañas silentes

A Bea Duarte

23

El dolor enseña tanto como la verdad

Mi Maestro interior nada teme

En lo alto de la montaña hay paz

24

Almendros nuevos en flor

Constancia de cielos abiertos

Fortuna del ser amado

25

Cual Cábala en tus manos, el Universo

Energía profusa Edénica

Ciencia de la gratitud y la modestia

26

Trascendente el advenimiento del Dios

Un día a la vez

¡Oh! Ya lo presentía

27

Todo lo maravilloso viene de ti

El vellocino de oro, perdido

Corren los avestruces

28

Irrumpe el cielo de nácar

Duermen los cuervos del mal

Hoy es el día más feliz

29

Laberinto confuso de amapolas

Ave cantarina en el tejado

No me perderás en el profundo sueño

30

Números de canteras

Rosas de color plata

Mares difusos del sol

31

De amor, el silencio

Vuelan golondrinas

De mi tormento, la paz

32

Caballos libres al viento

Crepúsculos dorados de ensueño

Caminantes a lo lejos

33

Duele la confusión

Tu corazón de fino oro

Promontorio eterno en pleamar

Liliana Durán Torreyes

34

Los perales adormecidos

Cuentagotas de cristal

Conmoción en el desierto

35

El sol de poniente

Crecen los geranios

Comienzos inconclusos

36

Ojos de mármol negro

Calor del África subsahariana

Barro en los pies

37

Rizos suaves de oro y miel

Cuando te conocí un día de enero

El reloj siempre puntual

38

Néctar almácigo taciturno

luz perenne incontenida

Estrellas en la noche en soledad

Liliana Durán Torreyes

39

De la aristocracia comprada nada quiero

El *establishment* de necios y poderosos

Fútiles portentos soberbios

40

A Ernesto Soltero Álvarez

Cuarzo rosa y violáceo

Energía de soles admirables

El mañana ya es historia

41

Sugestiva presumida la insensata

Pesan harto las traiciones

Deidad frívola de letargo a cuestas

42

Ósculo en santidad

Somos polvo infinitesimal

Caminos de cuentos de hadas

43

Párvulos en su juego

Recuerdo de gardenias en flor

Mariposas del Olimpo

44

Sínodo ambivalente a cuestas

Círculo de nevado espartano

David y Goliat

45

Cual momia de Zagreb dormida

Amanecer de etruscos soles

Hemos estado aquí antes

46

Como un dios babilonio fuiste

Sentados en la Luna Nueva

Desaparece el aciago dolor

47

Vestal consagrada al fuego

Altar de las resurrecciones

Mañana dormiré en una nube

48

Cronos y Kairos me hablaron tardo y quedo

Preserva tu alma de la injuria

La noche apacible nos llama

49

Así Arruns revertió el sacrificio

Es de humanos, perseverar

Pronto la luna continental trascenderá

(Liliana Durán y Javier Bertiz)

50

En la civilización de ozono

Mujeres con togas negras

Un doctor a lo lejos

51

Vida de estudio abnegada

Sus frutos de dulce serenidad

Los esenios ya lo sabían

52

La ciencia de los rayos X

En los libros sagrados etruscos

Movimiento de los astros

(Liliana Durán y Javier Bertiz)

53

Un rayo fulgurante naranja y rosa

Podría ser el principio abundante

La bondad es el comienzo y el fin y no el medio

(Liliana Durán y Javier Bertiz)

54

Unas veces acíbar de luz

Las calderas de las brujas

El horizonte imperecedero

55

La música de las esferas

Las dieciséis lunas de Júpiter

Olor a jazmín en los jardines celestiales

(Liliana Durán y Javier Bertiz)

56

La Venus de Willendorf

Los cuerpos de las madres

Herencia de la oscuridad

57

El mañana es un día inédito

Los dromedarios tienen sed ancestral

Los papiros médicos egipcios

(Liliana Durán y Javier Bertiz)

58

En un mar de barbitúricos

Las llamas buscan alimento

El sendero de los dioses

59

Con el rostro de Shiva

Somos uno sin temor

El canto de las sirenas doradas

(Liliana Durán y Javier Bertiz

60

Del amor sagrado nada saben

Dios en su plenitud

Felicidad de amapolas

61

Promesas vanas no considero

El plenilunio en pleamar

Juego de naipes usado y valioso al azar

(Liliana Durán y Javier Bertiz)

62

Luminiscencia en ciernes

Profunda tristeza invade mi alma

La fe de los hijos de Dios

(Liliana Durán y Javier Bertiz)

63

Luché contra Lucifer

Mensajes pleyadianos

Encontré parte de mí en el Universo

64

Energía taquiónica universal

El más profundo sueño

Misterios develados

65

Humanizamos al Dios vivo

Perennes persecusiones

Savia álmica profusa

66

Manantiales de agua pura

Fantasías que te quitan la vida

Sólo Dios sabe nuestros destinos

67

Mi niño dorado de ensueño

Toscas pesadillas abruman

El pasado quedó atrás

68

Santa, virgen y prostituta

Las sacerdotisas de la gnosis

Vida presente y vida pasadas

69

Ángeles del destierro

Amor en luna jibosa

Misericordia abundante

70

Trémula brisa

Rostros añejados

Sonrisa infantil

71

Densas historias de miedo

Verde esmeralda enlutado

Flores de Jamaica

72

Hoy el día es gris

Las hormigas cambian de lugar

El aposento alto

73

Los gladiolos en primavera

El sol de mediodía

Las células no mienten

74

Las palomas mensajeras

Recuerdos de mi niñez

El ser humano es cambiante

75

Mi corazón prosigue

Los árboles en otoño

La lluvia pertinaz

Liliana Durán Torreyes

Printed by Books on Demand GmbH, Norderstedt / Germany